JOSEPH BEUYS.

W0239340

"Dat Jüppken" ist ein wildes Kind. Er redet derbes Platt, bleibt einmal sitzen und brennt ein Jahr vor dem Abitur mit einem Wanderzirkus durch.
TATAA! HEE KÜTT DE AFJEWIXTE ZAMPANOOO!!
Trotzdem genießt er das Wohlwollen seiner Lehrer.
Besonders das des beinamputierten Englischlehrers Schönzeler.
Eher nebenbei nimmt er Klavier- und Cello-Unterricht.
Naturkundliche Beobachtungen zeichnet er in dicken Kladden auf.
BJ96

KINGERS NÄÄ, DER MIT SINGE SPERENZJES!
JETZ' BRÖÖCHT ER SICH DE FOTT!
Held des jungen Träumers und Geschichtenerzählers ist der 1794 in Paris hingerichtete Klever Revolutionär Anacharsis Cloots.
Dem vom Vater zugedachten Los als Lehrling in einer Margarinefabrik entgeht er mit knapper Not.
Fett soll eine andere Rolle in seinem Leben spielen.
3

Als Mitglied der Hitlerjugend rettet Beuys einen Katalog mit Skulpturen des Bildhauers Wilhelm Lehmbruck vor dem Verbrennen im Hof des Gymnasiums von Kleve.
WILHELM LEHMBRUCK
W. Lehmbruck: "Die Knieende"
Lehmbrucks Plastiken bewegen ihn tief. Tiefer als dies Giacometti, Picasso, Arp oder Rodin je vermögen.
1940: Abitur. Dem angestrebten Medizinstudium kommt der Einberufungsbefehl zuvor.

Bei der Luftwaffe in Posen freundet Beuys sich mit dem Tierfilmer Heinz Sielmann an.
Mit dem für die Waffenkammer zuständigen H. U. Asemissen begeistert er sich für die Thesen des Anthroposophen Rudolf Steiner.
SAGT EUCH DER NAME "SPRANGER" NICHTS?
EDUARD SPRANGER?
DIE LEHRE VOM SINNBEZOGENEN, HARMONISCHEN LEBEN...
BJ 96
1941: Ausbildung zum Sturzkampfflieger auf einer Stuka (Ju 87) in Erfurt und Königsgrätz.
RROOO

Um seine Kriegserlebnisse ranken sich abenteuerliche Legenden:
1943 Abschuss beim Angriff auf eine russische Flakstellung auf der Krim. Nomadisierende Tataren finden den Schwerverletzten.
Beuys hat einen doppelten Schädelbasisbruch und Splitter im ganzen Körper. Rippen, Beine und Arme sind gebrochen.
Die Haare bis in die Wurzeln hinein versengt. Das Nasenbein zertrümmert. Wochenlang glaubt er, blind zu sein.

Seine Wunden werden mit tierischem Fett gesalbt und zur Wärmespeicherung wickelt man ihn in Filz. Als Nahrung werden ihm Milch, Quark und Käse eingeflößt.

Als ihn ein Suchkommando findet, trennt er sich schweren Herzens von den Tataren.

Bei weiteren Einsätzen wird er noch viermal verwundet. Höchste Tapferkeitsauszeichnungen stehen Degradierungen wegen Befehlsverweigerung gegenüber.

Im Frühjahr 1947 schreibt Beuys sich an der Kunstakademie Düsseldorf ein.
Ewald Mataré, Professor für Bildhauerei, wird zu seinem wichtigsten Lehrmeister, obwohl es zwischen beiden schon bald zu Spannungen kommt.
Beuys fühlt sich berufen, die Grenzen der Kunst zu sprengen. Er wird zum egozentrischen aber unbestrittenen Kopf der Klasse.
Die Herdentiere: Schaf, Elch und Hirsch...
Tiere spielen eine große Rolle und werden zu wichtigen Symbolen.
In dem mit Erwin Heerich geteilten Meisteratelier richtet Beuys sich eine Alchemistenecke ein, wo er Materialien analysiert.
Die Biene: emsiges Teilchen eines riesigen Organismus. Wärme, Fleiss, Hingabe. Verwandelt Pflanzliches in die Wundersubstanz Honig.

... trotz ihrer Zauberkräfte zerbrechlich und gefährdet. Zeichen des Todes.
Mataré: Konstruktion, Klarheit, Reduzierung.
Beuys: Dekonstruktion und Mystik.
Der Hase: fruchtbar, hakenschlagend, scheu, weitverbreitet, mümmelnd, friedlich. Ein Ideal.
Das gemeinsame Boccia-Spiel in Matarés Garten kann nicht über die Entfremdung der beiden hinwegtäuschen.
1958 verhindert Mataré Beuys' Berufung als Professor an die Kunstakademie.
Der Schwan: heiliger Vogel Apollos, Wappentier der Stadt Kleve.

1954-56: Trotz erster Ausstellungen durch die Brüder Hans und Franz Joseph van der Grinten ist die finanzielle Lage katastrophal.

Als seine Verlobte, eine Postangestellte aus Düsseldorf, die Beziehung beendet, stürzt ihn das in eine tiefe Depression.

Er raucht 60-80 Zigaretten pro Tag. Schläft in einer Holzkiste. Zieht sich völlig zurück.

Freunde brechen bei ihm ein und finden den Reglosen bereits mit Wasser in den Beinen.

KANN ER HIERBLEIBEN, MUTTER?
HAB' NICHTS DAGEGEN.
ICH HABE JEDEN TAG DIE KÜHE GEMOLKEN.
ICH WEIß, ABER...
AUCH AN DEM TAG, ALS MEIN MANN STARB.
Rettung bringt erst die Einquartierung auf dem Hof van der Grinten.
Harte Feldarbeit und lange Gespräche über Pflichten und Zwänge tun dem Grübelnden gut.
"Etwas muss absterben... Dieser hinderliche Körper...! Zu viele Richtungen! Altes abstoßen und umschmelzen!"
Schließlich bricht Beuys auf. Zu den Sensationen und Skandalen seines Lebens.
ES HILFT UNS VIELES. NICHT NUR MENSCHEN.
BJ97

Alles ist Zeichnung, alles ist Farbe:
Blut, Kaffee, Kraftbrühe, Fruchtsaft, Rostwasser...
KIRSCH
1958: sein größtes öffentliches Kunstwerk: Tor und Kruzifix für das Büdericher Ehrenmal.
1959: Heirat mit Eva Wurmbach, die er bei einem Karnevalsfest in der Düsseldorfer Akademie kennenlernt. Sie unterstützt seinen Kleidertick und hilft ihm beim Zusammenstellen seiner Schamanentracht.

Hasenköttel in der Brusttasche
Stetson aus London
1961: Professur an der Kunstakademie Düsseldorf. Geburt von Sohn Wenzel.
Von Eva genähte Anglerweste über weißem Hemd
Strapazierfähige Jeans
1964: Tochter Jessyka.
SIE REDEN ÜBER GOTT UND DIE WELT ...
ABER GOTT UND DIE WELT IST KUNST!
...NUR NICHT ÜBER KUNST.

Die Leibesübungen des Bazon Brock signalisieren: “Wir stellen die Kunst auf den Kopf”.
SEID RADIKAL EGOISTISCH! SAGT NIEMALS "WIR"!
1962: Anschluss an die Fluxus-Bewegung
Beuys erklärt dem toten Hasen seine Kunst.
Er sucht Kontakt nach unten, zu den Tieren und Pflanzen.
Und nach oben, zu Engeln und Geistern.
Alchemist, Provokateur,
Mystiker.

Die Fettecke auf dem Küchenstuhl.
Der kühlen Ästhetik der Modernen Kunst hält er Fett und Filz entgegen.
Wärme, Bewegung, Energie.
Er fordert Sensibilisierung anstelle von Konzept und Kommerz.
Der permanent bedenkliche Gesundheitszustand von Beuys regt den Künstlerfreund Kirkeby zu der schaurigen Schilderung eines sterbenden Schamanen an.
15

1964 vor 800 Studenten in Aachen:
Margarine plumpst in einen Karton...
WOLLT IHR DEN TOTALEN KRIEG?!
Die Fluxus-Aktion endet im Tumult. Beuys holt sich eine blutige Nase und nutzt dies zu einem Auftritt mit seinem Lieblingssymbol: dem Kreuz.
Heute: Rep. (etitorium) in Blödsinn
TRIIIIET
MEINE HOSE IST VERSAUT, DU ARSCH!
!?!

1967 gründet Beuys die “Deutsche Studentenpartei” als erste einer Reihe aufsehenerregender, radikaldemokratischer Organisationen.
SAUEREI!
ES EBE DIE NEUE KUNST!
JAA!
TRiiiÜÜÜT!
AUF-HÖREN!!
WO BLEIBT DIE GLEICHBERECHTIGUNG DER FRAU?
JEDER MENSCH IST EIN STUDENT...
WAS IST "WELT-KULTUR"?
HAT WILLY BRANDT IHNEN ZUGEHÖRT?
BENNO OHNESORG IST TOT!
Sowohl in endlosen Diskussionen als auch bei Solo-Auftritten zeigt Beuys sich körpersprachlich gewandt, irritierend und schwer zu widerlegen.
AH.
Ö-Ö-Ö!

ERWEITERTER KUNSTBEGRIFF?
SOZIALE PLASTIK?
JEDER MENSCHLICHE AUSDRUCK IST KUNST.
"Gesellschaft und Wissenschaft basieren auf Kreativität, die jedem Menschen innewohnt."
WEG MIT DEM NC
KUNST= STUDIUM FÜR ALLE
IE KUNST FREI
KEIN ERSATZ FÜ BEUYS
SEKRETARIAT BESETZT
Fristlose Kündigung
Beuys ist ein fanatischer Lehrer. Er nimmt abgewiesene Studenten auf und besetzt das Sekretariat der Akademie.

1972 spricht Wissenschaftsminister Rau die fristlose Kündigung wegen Hausfriedensbruch aus. Es folgt ein jahrelanger Rechtsstreit. Erst der neue Minister Jochimsen kann einlenken.
Klage
Abfindung
Ablehnung
Revision
Kündigung
1978 erhält Beuys seinen Professorentitel zurück. Studenten organisieren die “Heimholung” im Einbaum über den Rhein.
"WO ICH BIN, IST AKADEMIE!"
Der inzwischen erlangte Weltruhm verschafft ihm Präsentationen im Ausland. Er entwickelt eine Vorliebe für Italien, wo er etwa 35-mal ausstellt.

1974 kommt Beuys in Filz gewickelt in New York an.
Gulf
Drei Tage schließt er sich mit einem Kojoten ein. Dann verlässt er New York.
Wieder in Filz. Von der Stadt hat er nichts gesehen.
WOW, SIE REDEN MITEINANDER.
DER WEISSE MANN HAT ENDLICH VERSTANDEN.
ER SUCHT KONTAKT ZUM HEILIGEN TIER DER INDIANER.
DIESER GERUCH!
BLUT UND BODEN, WA?!

DIE GRÜNEN
DER UNBESIEGBARE
WAHLLOKAL
1979 noch glückloser Kandidat der Grünen, treibt er bald sein Projekt “Freie internationale Universität” voran.
FREE INTERNATIONAL UNIVERSITY
Prof. Josef Beuys
Forschungsinstitut
>> ERWEITERTER KUNSTBEGRIFF <<
NUN, STÜTTGEN ?!
AUSGE-ZEICHNET, HERR PROFESSOR. UND WEGEN DER LEER STEHENDEN MESSE-HALLEN...
Trotz Herzinfarkt schont Beuys sich nicht.
EINE HONIG-PUMPE!
ZIRKU-LIERENDE ENERGIE.
1977, auf der documenta 6 in Kassel, fließt Honig in Plexiglasschläuchen durch das Museum Fridericianum.

1982,
auf der documenta 7, verschafft er seinem Projekt “7000 Eichen” mit der umstrittenen “Kronenschmelzung” gewaltige Popularität.

DAS GOLD! ES BLICKT!!
Aus dem Gold werden Beuyssche Friedenssymbole gegossen.
Der **Hase** und die **Sonne**
DOCUMENTA SEVEN...
...EXPECTS EVERYMAN...
...TO DO HIS DUTY!
Der Aufruf zur Patenschaft über 7000 Eichen nebst dazugehörigen Basaltsteelen.
Stückpreis: 500,- DM.
Lebenserwartung einer Eiche: 800 Jahre

5 Jahre später, am ersten Tag der documenta 8, wird die letzte der 7000 Eichen gepflanzt. Beuys wäre gerne dabei gewesen.
Der Tod hindert ihn daran.
Am 14. April 1986 wird seine Asche in der Helgoländer Bucht ins Meer gestreut.
Wilde Schwäne ziehen vorüber.

Bernd Jünger
Jahrgang 1968;
Dipl.-Designer, Comic-
zeichner, Trickfilmer;
arbeitet als Szenarist
beim WDR in Köln

Willi Blöß
Jahrgang 1958;
arbeitet als Texter,
Illustrator und Heraus-
geber der Künstler-
Comic-Biographien
in Aachen

Zeittafel **Joseph Beuys**,
Künstler, Lehrer, Fluxist, Provokateur, Visionär:

12.5.1921:	in Krefeld geboren; in Kleve aufgewachsen
1941:	Einberufung, Luftwaffe
1947:	Kunststudium in Düsseldorf
1953:	erste Ausstellung in Kranenburg
1961:	Professor für monumentale Bildhauerei an Düsseldorfer Kunstakademie
1962:	Fluxus-Aktivitäten
1964:	erste documenta-Teilnahme (documenta 3)
1974:	gründet "Freie Internationale Universitäten"
23.1.1986:	in Düsseldorf gestorben

"Er tat in Wahrheit immer das Andere, immer das, was scheinbar abwegig war - 100 Tage auf der documenta reden, sich in Filz einwickeln, stundenlang auf einem Fleck stehen, mit einem Kojoten zusammenleben, Leuten die Füße waschen, Gelantine von der Wand nehmen, den Wald fegen, dem toten Hasen die Bilder erklären, eine Partei der Tiere gründen und das Messer verbinden, als er sich in den Finger geschnitten hatte."

Heiner Stachelhaus

JOSEPH BEUYS
Der lächelnde Schamane

Text: Willi Blöß
Zeichnungen: Bernd Jünger
Colorierung: Beatriz López-Caparrós
und Thomas Thiesen

Copyright 2002: Willi Blöß, Bernd Jünger
7. Auflage 2018
Alle Rechte vorbehalten

ISBN: 978-3-938182-03-1

Willi Blöß Verlag, Aachen
www.kuenstler-biografien.de

“Das können sie
(die großen negativen
Geister) nicht
ertragen: einen
lachenden Menschen.”

Joseph Beuys